मेरी चुनिन्दा कविताएँ

मेरी चुनिन्दा कविताएँ

बलबीर माधोपुरी

अनुवाद
राजेन्द्र तिवारी

वाणी प्रकाशन
प्रकाशन के उत्कृष्टतम 61 वर्ष

vaniprakashan.com

सजिल्द प्रथम संस्करण : 2024

वाणी प्रकाशन

4695, 21-ए, दरियागंज, नयी दिल्ली-110 002

फ़ोन : +91 11 23273167, 23275710

शाखाएँ

अशोक राजपथ, पटना-800 004, बिहार

कॉफ़ी हाउस कैम्पस, महात्मा गांधी मार्ग, इलाहाबाद-211 001, उत्तर प्रदेश

महात्मा गांधी अन्तरराष्ट्रीय हिन्दी विश्वविद्यालय, वर्धा-442 001, महाराष्ट्र

36/ए, शेक्सपियर सरणी, रानी बिरला गर्ल्स कॉलेज के पास, कोलकाता-700 017, प. बंगाल

sales@vaniprakashan.in
vaniprakashan@gmail.com

Meri Chuninda Kavitayein

by Balbir Madhopuri

Translated by Rajendra Tiwari

ISBN : 978-93-5775-582-5
Poetry Collection

मूल्य : ₹ 299

वाणी प्रैस, नयी दिल्ली - 110 002 में मुद्रित

वाणी प्रकाशन का लोगो मक़बूल फ़िदा हुसेन की कूची से

आदरणीय

श्री अरुण माहेश्वरी

के लिए

मेरी कविता : विरसे का विस्तार

अपने काव्य-सृजन के सम्बन्ध में स्वयं बात करना अपने बच्चे का सिर सहलाने, उसमें अपने नक्शों को निहारने और विकृति को ढकने की तरह है। यदि कोई काव्य-दोष लगाता है तो मन उसको आँख से ओझल करने की गवाही देता है। यद्यपि पता होता है कि मक्खी ने ज़ख़्म पर बैठना है। भाव यह कि आलोचक ने विकृति में से रहस्य निकालकर पाठक के सम्मुख करना होता है—शब्दों का एक धर्म निभाना होता है। इस दृष्टि से वर्तमान में बहुत से लेखक, कवि जन और पाठक अधिक चेतन स्तर पर विचर रहे हैं।

...समय और स्थितियाँ बदल गयी हैं तथा आगे और उतावली से बदल रही हैं। विद्या-प्राप्ति का अधिकार एक वर्ग के कब्ज़े से निकलकर समाज के उन वर्गों में व्यापक तौर पर पसर गया है जो धार्मिक नियमों वाले अन्याय आधारित ग्रन्थों के कारण इससे वंचित थे। मनुष्य द्वारा मनुष्य के शोषण की प्रवृत्ति, प्रकृति के नियमों पर भारी हो गयी थी। विद्या के उजाले ने अँधेरों को चीर कर अधिकारहीन लोगों के अन्दर अधिकार चेतना की चिंगारी लगा दी और मानवतावादी प्रकाश-स्तम्भ खड़े कर दिये हैं। यह सारा कुछ साहित्य की अलग-अलग बानगियों से सहज ही महसूसा जा सकता है।

आज का साहित्य पारम्परिक साहित्य-सा मनोरंजन का साधन नहीं और न ही वक़्त काटने का माध्यम। आधुनिक साहित्य विचारधारक, सामाजिक-आर्थिक क्रान्ति, सामाजिक-सांस्कृतिक परिवर्तन आदि को विशेष प्राथमिकता देता है। क्रूर यथार्थ भरा व्यवहार समाज को लौटाने या प्रतिबिम्बित करने से लेखक किसी भी तरह से डरता और झुकता नहीं। वह दम्भी, पाखण्डी, फ़रेबी, आडम्बरी, करामाती और कर्मकाण्डी संस्कृति पर तर्कवादी विचारधारा से लैस होकर शब्द-मिसाइलों से बार-बार वार करता है। परिणामस्वरूप, ऐसा साहित्य जो सामने आया है, वह यूँ प्रतीत होता है जैसे भारत में एक और

भारत की हक़ीक़त बयान कर रहा हो। दूसरे शब्दों में, दो नस्लों की दो अलग-अलग साहित्यिक सुरें प्रत्यक्ष देखी-सुनी जा रही हैं। एकता में अनेकता यानी बहु-संस्कृति, बहु-भाषा और बहु-धर्मी भारत ऐसे ही विचार का प्रतीक है। बात क्या, अपने-अपने समाज की, अपने-अपने अनुभव की साहित्य में अभिव्यक्ति। इस तरह समूचे भारतीय साहित्य को एक ही कसौटी पर नहीं परखा जा सकता। ज़रूरत अलग-अलग सौन्दर्यशास्त्रों की महसूस की जा रही है। ऐसी स्थिति का संकट पारम्परिक संस्कृति के एक पक्ष की पक्षधर व्यवस्था के साहित्य के बदौलत सम्भव हुआ है। क्रान्तिकारी सामाजिक परिवर्तन की आवश्यकता सामाजिक समता, समानता और भ्रातृ भाव पर आधारित मानवतावादी विचारधारा की अभिव्यक्ति ही मौजूदा दलित साहित्य है।

वर्तमान में दलित साहित्य समूचे भारतीय साहित्य का मापदण्ड बन गया है क्योंकि भारत के बहुसंख्यक लोगों का प्रतिनिधित्व करता है। ज्यों-ज्यों दलित लेखकों द्वारा सामाजिक अत्याचारों, असमानताओं और घृणा भरी व्यवस्था को जन्मजात से अलग करके देखा जाने लगा–त्यों-त्यों दलित साहित्य का उभार प्रबल रूप से हुआ। दलित साहित्य ने अब भारतीय साहित्य में मुख्यधारा का साहित्य होने का स्थान ग्रहण कर लिया लगता है। इसके कारण एकतरफ़ा लिखे जाते रहे साहित्य को अब तल्खी, बदनामी, बौखलाहट और हार का सामना करना पड़ रहा है। समाजवाद और प्रगतिवाद को 'प्रण ीत' साहित्यकार और उनके भारतीय रहनुमा अपनी जगह कुढ़ रहे हैं कि वह मार्क्सवाद को भारतीय सामाजिक और आर्थिक स्थितियों के अनुसार ढालने में असमर्थ रहे हैं। कुछेक बाग़ी हो गये हैं और वह रजे-पुजे वर्ग और ऊँचे सामाजिक रुतबे वाले हैं। वंचित वर्ग को ऊपर उठाने के लिए सरकारी यत्नों को उन्होंने खुद हड़पने के लिए ज़ोर लगाया हुआ है।

बहुत से प्रगतिवादी लेखक अपनी रचनाओं में सर्वहारा को केन्द्र में रखकर क्रान्तिकारी विचारधारा को प्रफुल्लित करने के स्थान पर धनाढ्य किसानों के पक्षधर बनकर खड़े हो गये। वह अब सामाजिक यथार्थ वाले दलित साहित्य से घबराए और असमंजस में पड़े हुए यह दलील दे रहे हैं कि पहले ही समाज में बड़े विभाजन पड़े हुए हैं और आगे साहित्य में विभाजन न डालो। यह दलील किसके पक्ष में खड़ी होती है? क्या ऐसे बदलते पैंतरे से उनका साहित्यिक अस्तित्व बना रह सकेगा? व्याख्या की आवश्यकता महसूस नहीं हो रही।

उपर्युक्त सब कुछ के सन्दर्भ में मैं यह बताने की कोशिश कर रहा हूँ कि मेरी कविता ने किन-किन पड़ावों से सफ़र तय किया है। जैसा कि पाठक पहले के कई साक्षात्कारों में पढ़ चुके होंगे कि मैं तुकबन्दी प्राइमरी शिक्षा के समय कर लेता था। कविता बाकायदा मैंने कॉलेज की पढ़ाई के दौरान लिखनी शुरू की जिसको मैंने अब तज-त्याग दिया है। वह रजिस्टर-कापियों और खुले पन्नों की शक्ल में मेरे घर की अलमारी में हमेशा के लिए क़ैद हो गये हैं। मेरी कविता की वह पृष्ठभूमि और अभ्यास मेरी वर्तमान कविता का ठोस आधार है। बेशक उस दौर की मेरी अनुभवहीन प्रेम कविताकारी या सामाजिक इंक़लाब के लिए नारेबाज़ी वाली रही।

मेरी कविता का दूसरा पड़ाव पंजाब के काले दिनों के दौरान बही ज़ुल्म की आँधी के साथ है जिसमें अनेक मासूम और निर्दोष ज़िन्दगियाँ इसमें तिनके की तरह उड़ गयीं। ...ओर मैं यद्यपि मार्च 1987 में स्थानान्तरित होकर दिल्ली आ गया था पर नौकरियों के स्थानान्तरण से कमाऊ पूत जड़ से तो नहीं टूट जाते! गुरुओं-पीरों के इस क्षेत्र में घटतीं अमानवीय घटनाएँ जिनका शिकार मैं भी हुआ। तनी हुई ए.के. 47 की संगीन कैसे झुक गयी? इसका गवाह 'मेरे गाँव' का मेरा मित्र ध्यानचन्द है। मेरा रोष-विद्रोह और प्रचण्ड हो गया। इस दौर की मेरी अधिकतर कविताएँ मेरे पहले काव्य-संग्रह 'मरुस्थल का वृक्ष' (1992) में शामिल हैं। इसमें से मानववादी और प्रगतिवादी दोनों दृष्टियाँ झलकती हैं। हाँ, कुछेक कविताएँ दलित चिन्तन तथा चेतना और नारी-मुक्ति से सम्बन्धित हैं।

अपनी कविता का तीसरा पड़ाव मैं विशुद्ध क्रान्तिकारी दलित दृष्टि से लिख कविता को मानता हूँ। इस तरफ़ मेरा रुझान और झुकाव अपने स्वजातीय मित्र एस.एस. गौतम (गौतम बुक सेंटर, नयी दिल्ली) के साथ नित्य नये विचार-विनिमय और उसके द्वारा उपलब्ध करवाई हिन्दी, मराठी तथा विदेशी लेखकों द्वारा लिखी पुस्तकें जिन्होंने मेरी साहित्यिक सोच-समझ में और निखार ला दिया। दूसरी बड़ी हक़ीक़त निजी तथा सामाजिक व्यवस्था का तल्ख़ तजुर्बा यानी दलित होने का फर्स्ट हैंड अनुभव और उसकी अभिव्यक्ति का सुहृद यत्न। एक और बड़ी बात सोवियत साहित्य में यथार्थ चित्रण की कला-युक्ति जिसने मेरे मन-मस्तिष्क में स्थायी तौर पर डेरा डाला हुआ है। उपर्युक्त तथ्यों ने ज़मीनी हक़ीक़तों वाली मेरी काव्य-सृजना के लिए लम्बी उड़ान के वास्ते मज़बूत पंख प्रदान किये। 'दहकता पाताल' (1998) मेरा दूसरा काव्य-संग्रह इन बिन्दुओं की गवाही देता है।

...और अपनी कुछ कविताएँ जो पुस्तक का रूप नहीं ले सकी हैं उनको पुस्तक का जामा पहनाने के लिए पिछले दिनों मैंने फ़ैसला किया कि क्यों न 'मेरी चुनिंदा कविताएँ' का संग्रह छपवा लूँ। सो, मैंने वह कविताएँ इस संग्रह में शामिल करने की कोशिश की है जिससे स्पष्ट हो सके कि मेरी काव्य यात्रा ने किन राहों से गुज़रते सफ़र तय किया है। कविताओं के चयन के समय इस पक्ष का भी ध्यान रखा गया है कि अभिमानहीनों, निर्बलों और व्यवस्था के सताये अपने जैसे 'काले-कलूटे' और दुर्बल-से बहुजनों की प्रतिनिधिता करती कविता की प्रधानता रहे।

दरअसल, जिस पड़ाव पर अब मेरी कविता है, मुझे महसूस होता है कि मेरे पूर्वजों, मेरे बुज़ुर्गों की सामाजिक चेतना को विस्तार देती है। उसी विरसे-विरासत का अखण्ड रूप धारण करती है। फ़र्क़ इतना है कि यह जिस्मानी जद्दोजहद की जगह ज़ह्नी संघर्ष करती है।

अपने देश में ही धरती, धन और धर्म खो-गँवा चुके लोगों के भीतर अधिकार चेतना की लौ जलाती है। ऐसा मुझको पाठकीय प्रतिक्रियाओं से भरोसा होता है। एक और बात साझी करना उचित समझता हूँ कि मेरी कुछ कविताओं के अनुवाद भारतीय भाषाओं समेत कई विदेशी भाषा की पत्रिकाओं में प्रकाशित हुए हैं। कुछेक कविताएँ वहाँ के और भारत में छपे काव्य-संग्रहों (ऐन्थोलोजी) में दर्ज हो चुकी हैं। मुझको लगता है कि यह सब कविता में सामाजिक यथार्थ के कारण सम्भव हुआ है।

यह कहावत भी आम है कि अपना सिर आप नहीं मूँड़ा जाता पर मैंने कोशिश की है। अब पाठकों और आलोचकों ने तय करना है कि उपर्युक्त अलग-अलग विचारधारायी दिशाओं से मूँड़ी गयी कविता रूपी उजले बालों में से कितनी-एक पुख़्तगी की झलक-चमक पड़ती है।

धन्यवादी हूँ अपने मित्र राजेन्द्र तिवारी का, जिन्होंने इन कविताओं का ख़ूबसूरत हिन्दी अनुवाद किया।

मैं, अरुण माहेश्वरी जी, वाणी प्रकाशन का धन्यवादी हूँ जिन्होंने इस काव्य-संग्रह को प्रकाशित किया। वाणी प्रकाशन ने 2007 में मेरी आत्मकथा 'छांग्या रुक्ख' का हिन्दी में अनुवाद छापा और उसके उपरान्त उसका अनुवाद अन्य भारतीय और विदेशी भाषाओं में छपा और छप रहा है जिस कारणवश मेरी साहित्यिक पहचान देश-विदेश में सम्भव हो सकी। वाणी प्रकाशन का पुनः धन्यवाद।

–बलबीर माधोपुरी

अनुक्रम

कविता की तलाश

कविता को आजकल
मैं ऐसे तलाशता हूँ
जैसे रेगिस्तान में मनुष्य
खोजता है कोई वृक्ष।

हमारे समय में
कविता हो गयी है कितनी संवेदनहीन
सचमुच दिशाहीन
सामाजिक सरोकारों से रिक्त
भूल-भुला गयी है
अपनी गौरवमयी विरासत
तख़्त से जूझती
तख़्ते पर झूल गयी भावना
दर्दमन्दों के लिए कामना।

यह कैसा समय समकालीनों
कि कविता ने सीख लिया है
नदी की तरह
तटों के बीच में बहना
किसी बैलगाड़ी की तरह
बनी लीक पर चलना
अँधेरी सुरंग यदि मुख्यधारा

तो चेतन शब्दों से भला क्या करना
अर्थों के पास रह गया कुढ़ना।

यह कैसी होनी
माँ तेरी कविता की
म्यान में कृपाण की तरह
जंग खा गया इसके अर्थों को
कम्प्यूटर वाइरस-सा
काम-कीट खा गया शब्दों को
मैं फिर भी तलाशता
दुर्बल-से साँवले-से
अप्रतिष्ठित व्यक्ति के लिए कविता
मुअनजोदड़ों जैसी सभ्यता
अन्तरिक्षयान की तरह
धरती से दूर न जा
मेरी प्यारी कविता
निरे मुहब्बत के हादसे
रख न आरक्षित
शब्दों के वास्ते
और तू फिर यूँ लौट आ
जैसे रुंड-मुंड वृक्षों पर
हरी-भरी टहनी पत्तियाँ
घास पर ओस की बूँदें।

कविता को आजकल
मैं ऐसे तलाशता हूँ
जैसे रेगिस्तान में मनुष्य
खोजता है वृक्ष।

कविता निरा अक्षर नहीं

कविता निरा अक्षर नहीं
यह तो–
पंख के बिना उड़ते
किसी मानव की परवाज़ है।

कविता निरा अक्षर नहीं
गन्ने के खेत से निकल कर
उड़ती हुई काली तीतरी पर
जब झपट बाज़ उस समय
उसकी धुनी हुई आवाज़ है
जंगल में भयभीत हुए हिरणों
की दुहाई है
वृक्ष से टूटने टूटने को हुए
पत्तों की दास्तान है।

कविता निरा अक्षर नहीं
यह तो–
शब्द से झरे अर्थ हैं
अपवित्र वातावरण में
जो गँवा चुके हैं पहचान
फिर भी
जेठ-आषाढ़ में भादों की फुहार हैं
अमा की यामिनी में चमकते तारे हैं।

कविता निरा अक्षर नहीं
यह तो–
ज़िन्दगी का लाल किला
जीत न सकने के सन्ताप हैं
खौलते पानी के चढ़ कर उतरे
दरिया की अकथ कथा है।

कविता निरा अक्षर नहीं।
यह तो–
निथरे जल की उच्छल तरंगें हैं
और लहरें–
समानता के लिए
तटों से टकरातीं
मंज़िल की ओर बढ़ती सड़कें हैं।

ओ! मेरी समकालीन कविता
तेरे अक्षरों में बहुत ख़ामोशी है
यह शब्द के अर्थ की नमोशी है
कविता तू नारा नहीं
आवाज़ बन जा
अंगार नहीं
ठिठुरते चूज़ों पर
मुर्गी की उष्मित पाँख बन जा।

कविता निरा अक्षर नहीं
यह तो–
बिना परों के उड़ते
किसी मानव की परवाज़ है।

कविता मुख़ातिब हो

कविता—
फूल तोड़ने वालों से मुख़ातिब हो
कि सुगन्ध को मन्त्र-कीलित करना
भ्रम है
और बता
मरुस्थल की तपती रेत में भी
कैक्टस के फूलों का खिलना
हर मौसम में हँसना
इनकी फ़ितरत है।

मुख़तिब हो साहिबां से
कि मकड़ी की तरह अपने चौगिर्द
अपनी सोचों के तन्तुओं से
कोई सुनहरा जाल न बुन बैठे
कि मिर्ज़ा लौटेगा एक दिन
चाँद आसमान से उतार कर
अम्बर से तारे तोड़ कर।

और बता—
मशरूफ़ है वह रोज़गार की तलाश में
ट्यूबवेल पर बैठा बिजली के इन्तज़ार में
और पता नहीं कब से

फ़रहाद की सतलुज-यमुना सम्पर्क नहर की तरह
शीरी की कोमल अभिलाषाओं को बौर लगे।

मुख़ातिब हो बोतल में बन्द मछली से
कि सागरों में मगरमच्छ रहते हैं
और लौट पड़ी हैं
असीमता के पत्थर चाट कर
सात समुद्रों से पार की
रंगीन मछलियाँ।

मुख़ातिब हो श्वेत कपोतों से
कि तोते नहीं बना करते
जब पिंजरा आकाश हो
ख़िलाफ़ हवाओं के
डारें बन कर उड़ जाइये।

मुख़ातिब हो उन कीड़े-मकोड़ों से
कि रेंग कर चलते हुए
बूटों तले कुचले जाने से
अच्छा है
वर्षा ऋतु में उगे परों के साथ
रोशनियों पर जल मरना।

मुख़ातिब हो थक चुकी सूरी गाय से
कि धरती को दूसरी सींग पर बदल ले।

काव्य-कामना

मैं नहीं चाहता
कि मेरी कविताएँ
बरसाती नालों-सी
किसी नदी में गिर कर
गँवा लें अपनी पहचान।

मैं नहीं चाहता
कि मेरी कविताएँ
उस काव्य-धारा में शामिल हों
जिसके धर्म-ग्रन्थ
एक विशाल क्षेत्र को
बाँटते हैं टुकड़ों में
मखमली घास की हरियाली
आरक्षित रखते हैं चोटी-टोपी के लिए
वर्जित करते हैं तीसरा नेत्र खोलना
मेरे जैसे काले-साँवले रंग के लोगों के लिए।

मैं तो चाहता
कि मेरी कविताएँ
उन परिन्दों के नाम हों
जो गाँव के टोलों की सीमा उलाँघते हैं
चुग्गा चुगने के लिए उतर आते हैं
जिस या तिस आँगन में

घरों की ऊँची-नीची
छतों की परवाह किये बग़ैर।

बस मैं तो चाहता
कि मेरी कविताएँ
उस काव्य-धारा में शामिल हों
जिसमें
एकलव्य, बन्दा बहादुर की प्रशस्ति है
पीर बुद्धू शाह का जूझना है
पाब्लो नेरूदा की वेदना है।

मैं नहीं चाहता
कि मेरी कविताएँ
बरसाती नालों-सी
किसी नदी में गिर कर
गँवा लें अपनी पहचान।

माँ कहती है

माँ
मेरी ओर देखती है
साथ ही कहती है
तेरे जन्म से पहले
उसने पहाड़ों से माथा टकराया
उनका गुमान तोड़ा
राहों को सीध में मोड़ा
वादियों में दरारों को भरा
ऊँचे पर्वतों को घूरा।

माँ फुलझड़ी-सा खिलती है
मुझसे कहती है
तेरे जन्म के समय
वह फरहाद की तरह
शिवालिक पहाड़ियों के मध्य
खोदता था नहरें
ताकि हो सुख-सम्पन्नता
ताकि हरे-भरे हों रेगिस्तान
बंजर ज़मीन हो ख़ुशहाल।

माँ
मुझसे कहती है
साथ ही हँसती है
जब तू खेलने-कूदने लगा

गिर-गिर कर दौड़ने लगा
तो दरिया पर वह पुल बना
पिचकी छाती चट्टानी सीना तना
ताकि घट सकें फ़ासले
ताकि गुज़र सकें क़ाफ़िले।

माँ
मुझसे कहती है
कोई सोच उसे घायल करती है
फिर भी कहती है
उसने ज़ोर-ज़ोर से पुकारा
मैंने खेतों को सँवारा
महलों को उठाया
डूबते मुल्क को तारा
और उन्होंने
सहज ही उचारा–
तू है ताड़ना का अधिकारी
युग-युग तू
सेवा करने का अधिकारी।
माँ मुझसे कहती है
जैसे घोड़े की काठी कसती है
बार-बार कहती है
विरले–कहीं जूझते जुझारू लोग
जग में यद्यपि बेशुमार लोग
और मैं निहारता हूँ–
वृद्ध बाप का
झुर्रियों भरा निर्बल चेहरा
आँखों में अंगारों-सी
दग्ध-दहकी लाली
और अब मैं, फिर फिर
माँ के बोल गुनता हूँ।
घोड़े की ओर बढ़ता हूँ।

मेरा बुज़ुर्ग

पानी पर पड़ी लकीर को
अभी भी
पत्थर की लकीर समझता है
मेरा बुज़ुर्ग।

बेगाने फूल-पौधों को पानी देता
वह स्वयं भी खिल जाता है
दुधारू पशुओं की देह थपथपाता
दूध-पूत की ख़ैर माँगता है
हल की मुठिया पर हाथ रखते
सबका भला चाहता है
मिट्टी के साथ मिट्टी हो जाता है।

वह अपने हाथों से ले आया है
हरित, श्वेत और नीली क्रान्ति
और उसकी देह पर
अभी भी बहती है सूखी नदी।

जेठ-आषाढ़ में जले झुलसे तन
और उधर अन्त:पुर में
चमकते चिकने बदन
जिस्मों में से ख़ुशी तलाशते मन
और उसकी जदी-पुश्ती सोच

उससे बार-बार होती है मुख़ातिब
यह तो महज़ नसीबों का खेल है।

कभी-कभी वह सोचता है
यद्यपि समुद्र में घड़ियाल हैं।
पर मछलियाँ ख़ूब तैरती हैं
परिन्दों को उड़ने के लिए अम्बर है
रहने के लिए घर है
और मेरे पास क्या है?
'गौरवमयी' संस्कृति का देश!
गुलामी की प्रथा चलाये रखने को
मेरी अपनी सन्तान!

कभी-कभी वह फिर सोचता है
और तलाशता है
'देर है अन्धेर नहीं' के अर्थ
घट्ठों भरे हाथों में
ढूँढ़ने लगता है मिटतीं
लोप होती जा रही लकीरें।
पानी पर पड़ी लकीर को
अभी भी
पत्थर पर लकीर समझता है
मेरा बुजुर्ग।

मेरी जात

जात यूँ मेरे संग
जैसे मेरा रंग
मेरा साया
इतना मेल-सुमेल
कि मैं ख़ारिज
वह मेरी पहचान
गाँव में होऊँ या शहर
समुद्र के आर या पार।

बहुत लुकाता, छिपाता
सौ परदे डालता हूँ मैं
पर वह फिर
आ खड़ी होती बार-बार
जैसे कलफ़ के दिनों के बाद
धूप जैसे बाल
फटे वस्त्रों में से
जिस्म झाँकते ख़याल।

चाहता हूँ उसका त्याग
जैसे कोई चाहता हो तलाक
पर वह मुझे बताते हैं
समझाते-सुझाते हैं

यह तो जन्मों-जन्मों का साथ
नहीं बात कोई ख़ास।

आख़िर–
धनुष पर चढ़ते हैं तर्क के तीर
जान वर्तमान अतीत को चीर
लहू में आता है उबाल
जैसे धरती में भूचाल
और फिर
चढ़ाव-उतराव, दायें-बायें
बराबर दिखते हैं अन्तराल।

जात यूँ मेरे संग
जैसे मेरा रंग
मेरा साया
इतना मेल-सुमेल
कि मैं ख़ारिज
वह मेरी पहचान
गाँव होऊँ या शहर
समुद्र के आर या पार।

घोड़ा और बुज़ुर्ग

सदियों से
उसकी पीठ पर सवार हैं
अमानवीय वर्ण
यहाँ के धर्म
शैतानी मिथ्या कर्म।

नंगे बदन पर
जब बरसता है चाबुक
वह चलता नहीं
सरपट दौड़ता है
भूल जाता है
कानों में ठुँसी रूई
आँखों पर चढ़ा पट्टा
मुँह की नाल
गर्मी और जाड़।

स्मृतियों
विधानों में बँधा
जिनके द्वार
वह बाहर है खड़ा
वही बताते हैं
ख़ुशी की रौ में
फिकरे कसते हैं—

वह सोता है चोरी-चोरी
बैठा कभी देखा नहीं
बस लिटाया देखा
जब ठुकती हैं कीलें।
घास-फूँस, बचा-खुचा
चोकर-छिलका खाकर
वह इतना फुर्तीला
कि समय को पिछाड़े
वह इतना ताक़तवर
कि बिजली गश खाये।
और आजकल वह
बार-बार अड़ने लगा है
तन कर सीधे खड़ने लगा है
और मुझे अब ऐसे लगता है
जैसे वह नीला घोड़ा
मेरा बुजुर्ग हो
अके थके लोकमन की
कोई ताज़ा सुर हो।
सदियों से
उसकी पीठ पर सवार हैं
अमानवीय वर्ण
यहाँ के धर्म
शैतानी मिथ्या कर्म।

सुनामी लहरें

बहुत कुछ बहा ले गयीं
तूफ़ानी सुनामी लहरें
जो बहा ले गयीं अपने साथ
चट्टानी किनारे
फिर जीव-जन्तु
कक्षप-मत्स्य
वृक्ष और मनुष्य
मोहक प्राकृतिक दृश्य।

लहरों की चपेट में–
एक ही ईश्वर के
अलग-अलग घर
लोग लाँघते थे जहाँ से डर-डर
काँपते थे थर-थर।

और पलों में थल जल हुआ
याद आया–
डेथ इज़ ए ग्रेट लेवलर
पर वारिसों के बदले तेवर
जीवितों के हाथों से मरों पर लेबल
कोई ऊँच कोई नीच
कोई छूत कोई अछूत।

यूँ समुद्र किनारे
'काँपते' रहे भूखे-प्यासे
निराशे और बेआसे
'मानवों' के दानवी हासे।

और जिन सुनामी लहरों ने
बहाये थे चट्टानी किनारे
सारे के सारे
पर बहा न सकी
मन में उठी
ऊँची-ऊँची लहरें
नफ़रत की दीवारें।

उधर फिर समतल सागर
और विशाल किनारे
कोई सोचे-विचारे–
कभी कोई बताये–
मनुष्यता के समुद्र में
किश्ती को ठेलिए
लहरों-सा गले मिलिए
एक-दूजे में समाइए
ज़हरीली मछलियाँ पकड़िए
आओ, आज यह खेल खेलिए।

आओ मेरे समकालीन

आओ मेरे समकालीन
हम फिर यूँ मिलिए
जैसे एक को दूजी राह
और यूँ घुलमिल जाइए
जैसे समुद्र में दरिया।
आओ मेरे समकालीन
प्रशस्ति गान गाइए
सनातनी संस्कृति का भरे बाज़ार
मानव को बाँटा जिसने बारम्बार
जिसके पास न कोई तर्क-विचार।
आओ मेरे समकालीन
'जीवित' शब्द गहरे दफ़नाइए
अर्थ जिनके बू मारते
'मरी माँ' अब भी नहीं भुलाते
बहु-लोगों का नित्य सीना जलाते।

आओ मेरे समकालीन
क़िस्सा-काव्य परम्परा तजिए
संस्कृत की संस्कृति छोड़िए
जिसमें हम जीवित मरते
उस बेड़ी में पत्थर भरिए।
और एक महाभारत लड़िए
और सोलहवाँ अध्याय रचिए

थामिए बहता अग्नि दरिया
श्वेत कपोत लकीरों के पार उड़ा।

आओ मेरे समकालीन
ज़िन्दगी जिसकी रेगिस्तान
उसको करिए शब्द की छाँव
बंजर जीवन में फूल खिलाएँ
शब्दों का एक धर्म निभाएँ।

आओ मेरे समकालीन
शब्द तलाशें अर्थ हों जिनके
धूप, हवा, समन्दर
शूरों जैसे हों जोशीले
महक बिखेरें खला के अन्दर।

आओ मेरे समकालीन
हम यूँ फिर मिलिए
जैसे एक को दूजी राह
और यूँ घुलमिल जाइए
जैसे समुद्र में दरिया।

संस्कृति

अब तो
मरुस्थलों में भी
उग आयी है हरियाली
बंजर ज़मीनों में भी
लहरा पड़ी हैं फ़सलें
प्राकृतिक दृश्यों में भी
आ गया है परिवर्तन
और मेरी संस्कृति में
रची-रचाई वर्ण व्यवस्था
की आज भी वही अवस्था।

अब तो
सिकुड़ कर रह गया है
दूरियाँ दिखाता अन्तरिक्ष भी
धूप के रंगों की तरह
एकमेक हो गये हैं
सत्ता के सात महाद्वीप भी
काँच-सी टूट गयी है
रेत-सी ढह गयी है
बर्लिन की दीवार भी
और मेरी संस्कृति के बज्र-कपाट
जिसको लगे न चाबी
कोई तर्क करे न काट

अब तो
पिघल पड़े हैं
बर्फ़ से लदे पहाड़ भी
समुद्रों के पानी में
बढ़ रही है तपिश भी
कहीं-कहीं बहने लगी हैं
गर्म तेज़ हवाएँ भी
और मेरी संस्कृति
उपभोक्ता संस्कृति-सी
मनुष्यों पर लगाती है
आज भी अलग-अलग लेबल।

तिनके से हलका आदमी

कई बार
सिर से कटे वृक्ष-सा
हो जाता हूँ बौना
जिसके ऊपर से गुज़रती है
बिजली की तार
छिनगाया जाऊँ बेमौसम
जब सहज ही
कोई पूछ लेता है मेरा धर्म।

कई बार
पानी से पतला
हो जाता है मिट्‌टी का यह पुतला
शब्द–
ज़बान का छोड़ जाते हैं साथ
जैसे पतझड़ में
वृक्षों से पात
धरती देती नहीं अवकाश
जब अचानक ही
कोई पूछ बैठता है
मेरी जात।
कई बार
मन के आकाश पर
चढ़ आते हैं

गहन उदासियों के बादल
जब महानगरीय हवा में
पंख समेट कर बैठ जाता है
उड़ान भरता
किलोल करता
चुग्गा चुगने आया परिन्दा
पूछे जब कोई अचानक
उसका जदी प्रदेश
पहले गाँव फिर मुहल्ला।

कई बार क्या
अक्सर ही
वींधा जाता है
उड़ता परिन्दा
कभी धर्म, कभी जात, कभी मुहल्ले
कभी अवर्ण बाण से।

उसने कहा

उसने कहा–
मैं बहुत समय आपके पीछे चला हूँ
अब आप मेरे पीछे चलो
उन्होंने कहा
मेरे पास 'मुँह' है
और तेरे पास पैर हैं
'पैरों' का धर्म चलना होता है।

उसने कहा–
मैंने बहुत समय 'हाँ' में 'हाँ' मिलाई
अब मेरे बोल निभाओ
उन्होंने कहा–
ज़बान मेरे पास है
और तेरे पास कान हैं
'कान' का धर्म सुनना होता है।

उसने कहा
मैं आपका किया बेघर हूँ
मेरा घर मुझे वापस दो
उन्होंने कहा–
आदि लोगों का घर जंगल है
हम जंगल की हवा फैलाएँगे
'हवा' के ख़िलाफ़ जाना पाप है।

उसने कहा–
मैं खोपा बँधा बैल हूँ
थके को साँस दिलाओ, आँखें खोलो
उन्होंने कहा–
तेरा धर्म देखना नहीं
देख कर अनदेखा करना है।

उसने कहा–
मैं हवा के ख़िलाफ़ चलूँगा
तुम्हारे बोल गुम्बद की आवाज़ बनेंगे
उन्होंने कहा–
हवा को थामना
आवाज़ को क़ैद करना
अब असम्भव है।

नख़लिस्तान

(मित्र पुरुषोत्तम शर्मा के नाम)

वह कभी
मुझसे सूरज की तरह दूर
और धूप-सा पास होता है
कभी अल्हड़ उम्र याद करते
उष्मित होता हूँ
कभी उसके बोलों से
आती है तपिश भी।

कभी अतीत में लौटते हुए
परतें पलटता हूँ जब
कभी मेरी बैशाखियाँ
कभी वह मेरे पर बना।

कभी वह काशनी धूप
कभी मेरे सिर पर छतरी
कभी मेरे ख़ातिर खड्ग
कभी लक्ष्मण-रेखा बने।

कभी सूखे के मारे दिनों में
बने वह तरेल की बूँद
कभी रेगिस्तान में
बने नख़लिस्तान भी।

कलँगी वाले मोर

(कामरेड मित्रों के नाम)

जिनके मस्तक में आभा
सिर पर लोक की कलँगी
उन्होंने उजाले की छीटें दिये
सूरजमुखी उगाने के लिए
चन्दन के पौधे रोपे
चारों तरफ़ महक बिखराने के लिए
फिर वह ऋतुएँ साज़गार होने की
करते रहे प्रतीक्षा
एड़ियाँ उठा-उठा।

पानी में हलचल
वह करके भी न करते
उपस्थिति उनकी
बनी है अमीबे की तरह
और गुज़रता रहा सिरों से पानी
तो भी वह
नापते रहे पानी की गहराई
जाँचते रहे उनका चढ़ाव
हवा का रौ परखते
ख़िलाफ़ हवाओं के
उधार के परों से उड़ना चाहते
पूरब को झाँकते

बिखर चुके बादलों के
बरसने के सपने साकार करते।

सूरजमुखी खिलते हैं
व्यर्थ झड़ते हैं
और कलँगी वाले मोर
नृत्य भी करते
पर पैरों की ओर देख-देख
पल-पल कुढ़ते हैं
मस्तक में आभा है
पर अँधेरों में जकड़े हैं पैर
कभी-कभी वह
बिना छतों वालों के लिए
छतरी बनते हैं
अजगरों से लड़ते हैं
नृत्यरत अच्छे लगते हैं यह मोर
जब साँप निगलते हैं।

बच्चे

बहुत मासूम होते हैं बच्चे
कि छल लेते हैं
निर्मल दृष्टि
तोतली ज़ुबान से
और रोज़ी के ख़ातिर
परदेस जाते बाप की राह में
बन जाते हैं हिमालय पर्वत
फैल जाते हैं
मोह-ममता का विशाल समुद्र बन कर।

बच्चे तो पाक-पवित्र ग्रन्थों की
सच्ची-पवित्र सतरें होते हैं
या टहनियों पर खिले फूल होते हैं
जिनके सुमिरन
और सुगन्ध से
बेहरकत हो जाती है
न्यूक्लियर हथियारों को दबाती उँगली।

बहुत निर्भीक होते हैं बच्चे!
कर्फ़्यू में भी
खेलने आ जुटते हैं गलियों में
और हँस पड़ते हैं
ठाह ठाह की आवाज़ पर

क़र्फ़्यू तो महज़
मज़हबों में बँटे
उनके बुज़ुर्गों के लिए होता है।

बहुत मासूम होते हैं बच्चे
कि छल लेते हैं
निर्मल दृष्टि
तोतली ज़ुबान से
और रोज़ी के ख़ातिर
परदेस जाते बाप की राह में
बन जाते हैं हिमालय पर्वत
फैल जाते हैं
मोह-ममता का विशाल समुद्र बन कर।

ओ! राजन!

कैसा तेरा देश
ओ! राजन!
बाँहों से छातियाँ
घुटनों से पेट ढकते हैं लोग!

कैसा तेरा देश
ओ! राजन!
मृग अंगूरी खाये
तो भी कुछ कहने से डरते हैं लोग!

कैसा तेरा देश
ओ! राजन!
हाथों से पाले-पोसे वृक्ष छिनगाए
हुए बूढ़े तो छाँव ढूँढ़ते हैं लोग!

कैसा तेरा देश
ओ! राजन!
सूरज डूबता दिन-दोपहरे
गुनगुनी धूप नहीं सेंक पाते हैं लोग!

कैसा तेरा देश
ओ! राजन!

लोहे से लोहा टकराये
लुक-छिप कर दिन अब काटते हैं लोग!

कैसा तेरा देश
ओ! राजन!
बाँहों से छातियाँ
घुटनों से पेट ढकते हैं लोग!

खेतों का गीत

खेतों को लग गयी जुबान
पटवारी
चढ़ा गरदौरी हमारे नाम।
ऊँच-नीच सब समतल करना
पटवारी
जागे हैं खेत मिले अब न्याय।
छोड़ दे ज़रीबें तरकीबें
पटवारी
धरती पुत्रों का एक है गाँव।
दुध्धी बालियाँ तोते कुतरें
पटवारी
सामने होता पाप न सहना।
वृक्षों से छिनगा कर डालें
पटवारी
खोजते वह ठण्डी-ठण्डी छाँव।
काटें बरसीम फूटे लौ
पटवारी
'दे दे साढ़े तीन हाथ स्थान।'
डूब जाएँ धरती के रब्ब
पटवारी
उड़ जाने बिना ही परों के।

सुर्ख़ बोलियाँ

(सोवियत संघ के टूटने पर)

सूरज डूबा पूरब की ओर,
पश्चिम में रास रचा।
ऐसी बही पछुवा की हवा,
सुर्ख़ फूल फीका पड़ गया।
अँधेरी रातों में सारस उड़ता,
सूरज के दर्शन को।
बादल बदलियाँ जुड़ते जाएँ,
घटा बन बरसन को।
गाढ़ी होए वृक्षों की हरियाली,
पुरवाई की जब हवा बहे।
बरसें पुरवाई की घनघोर घटाएँ,
वृक्षों पर निखार चढ़े।
बादल भरे पानी से फिरते,
सूखे में बरसने को।
रुकना नहीं बाढ़ का पानी,
जितने चाहे बाँध बँधाओ।
एक दिन बन ज्वाला धधकेगा,
तिनकों तले आग सुलगती।

व्यथा

कोमल शहतूत की टहनी
री माँ
खींच की तोड़ डाली
ट्रेक्टर चालक ने।

दृश्य देख विलाप कर रोए
री माँ
मूक हुए वृक्ष सारे
एक व्यथा सुनाते हैं।

गले तने के लग रहे
री माँ
टहनियाँ गयीं सहम
बादल गरजते मँडराते हैं।

बेज़ुबान वृक्षों को कौन पूछता
री माँ
बीच कचहरियों को
अत्याचारी हुक्म सुनाते हैं।

वृक्ष पाँति बाँध खड़े
री माँ

छाँव बाँटने को
अपने पास बुलाते हैं।

कोमल शहतूत की टहनी
री माँ
खींच की तोड़ डाली
ट्रेक्टर चालक ने।

वन में अकेला वृक्ष

वन में यद्यपि वृक्ष अकेला
ओ हाकिम
ले लेगा एक दिन वह न्याय।
सिर ऊँचा सीना तना हुआ
ओ हाकिम
नहीं टूटना इसका हिया।
माथे पर सूरज पैरों में दहके पाताल
ओ हाकिम
मिट्टी छोड़ने नहीं देती स्थान।
कई पूजे कई वृक्ष काटे जाते
ओ हाकिम
कैसे कोई सहे अन्याय।
झेले सूखा पर्णहीन वृक्ष
ओ हाकिम
फिर भी चाहे वह बाँटना छाँव।
फल खाते साथ ही उसे कोसते
ओ हाकिम
जिसके बल पर चढ़े वह ऊँचे सोपान।
फुटपाथ पर उम्र गुज़ार ली
ओ हाकिम
तेरा दिया उसका यह गाँव।

ख़िलाफ़ हवाओं के

घास छीलने गयीं
माँएँ बन लौटीं
ओ रे बाबुल
गायों जैसी
कन्या-बेटियाँ।

बेटियाँ फ़सलों के समान
तेरे आँगन
ओ रे बाबुल
राहु-केतु की
पाँतें जुड़ीं।

जो बोते
वह न काटते
ओ रे बाबुल
पगड़ी सँभाल कर रखना
हों चाहें आवश्यकताएँ अल्पतम।

ज्वाला दहकती
एकलव्य के सीने
ओ रे बाबुल
तीर वीर के
मौत की पुड़िया।

गाँव बन गये अब बेलची, पिपरा*
ओ रे बाबुल
बाज घेर लेते
बिटिया-बिटानियाँ।

मछलियाँ तैरतीं
प्रतिकूल दरियाओं के
ओ रे बाबुल
डारें आज उड़ीं
ख़िलाफ़ हवाओं के।

* बेलची और पिपरा बिहार राज्य के वह गाँव जहाँ अनेक दलित परिवारों को ज़िन्दा ही जला दिया गया था।

ज़िन्दगी-1

ज़िन्दगी
दर्ज़ी द्वारा बनायी पोशाक के समय
कटी कतरनों का
ग्लोब जैसा गेंद
अनेकता में एकता का भ्रम चिह्न
उधेड़ने पर बिखर जाता है
महाद्वीप, उप महाद्वीप और द्वीप बन कर।

ज़िन्दगी
कबाड़ी का वह गोदाम
जिसमें फूल बनाने के लिए
पोलीथीन के नर्म-नर्म
फटे रंगीन लिफ़ाफ़े हैं
और मरुस्थल के सूरमे 'सरदार' के
सीने के लिए लौह-कचरा भी।

ज़िन्दगी
सिर पर सोहती
कलँगी वाला वह मुर्गा
जो वोट के इस्तेमाल की बाँग देकर
सियासत के धनिकों के लिए
बन जाता है महाप्रसाद।

ज़िन्दगी
तन के मन भीतर
बाप, पति और भाई है
या फिर लम्बी बहुत लम्बी सिगरेट
जो सुलगती-सुलगती बिन जले
राख हो जाती है।

कभी-कभी ज़िन्दगी
बाग़ी पवन होती है
और मुँह में लगाम लिए
चोटी सर करने के लिए
सरपट दौड़ रहा घोड़ा भी
और ज़िन्दगी सोचती है
अक्सर चाहती है
कि धरती के नीचे सूरी गाय
धरती को दूसरे सींग पर बदल ले।

ज़िन्दगी-2

ज़िन्दगी...
मैं तेरे संग
यूँ जीना चाहता हूँ
जैसे मिट्टी के संग पौधा
पत्ते संग हरियाली
और आँखों के संग दृश्य।

ज़िन्दगी...
मैं तेरे संग
इस तरह का भावुक मोह चाहता हूँ
जैसे सागर संग मछली
सूरज संग ऊष्मा
फूल संग ख़ुशबू।

ज़िन्दगी...
उतारों-चढ़ावों को, मैं
यूँ करना चाहता हूँ पार
जैसे सागर की लहरों को नाव
ऊँची-नीची पहाड़ियों को
कोई पहाड़ी गड़रिया।

ज़िन्दगी...
मैं निशिदिन चाहूँ

कि तपते मरुस्थल पर
बादल बन जाऊँ
या ठिठुरते, मरणासन्न
पक्षी शिशुओं पर उष्मित पर बन जाऊँ।

ज़िन्दगी...
मैं ऐसा विशाल होना चाहता
जैसे सात समुद्रों का एक रूप
सतरंगी किरणों की एक धूप
हरा-भरा एक वृक्ष।

ज़िन्दगी...
मैं तेरे संग
यूँ जीना चाहता हूँ
जैसे मिट्टी के संग पौधा
पत्ते संग हरियाली
और आँखों संग दृश्य।

धूप संग छाया चलती

पुराने पुल के नीचे से बह गया पानी
भरजोबन चढ़ी नदी उतरी।

देह न गीली मुरग़ाबी करती
पानी में हलचल करती।

बेशक है फ्रेम पुराना
शीशा नव आभा देता।

छू ले न आकाश को बदली
हवा उसका पीछा करती।

हवा लाँघ गयी साथ से सट कर
वृक्ष गुम सुम गया हो।

क्या देखता है झपक कर पलकें
धूप संग छाया चलती।

डाली झुक गयी फलों के भार से
हवा संग वृक्ष झूमता।

जब हवा बहे पुरवाई
वृक्ष और प्रफुल्लित हो जाये।

नींद की नदी से पहले

पास लेटी पत्नी को
यह कब पता लगता है
कि कमरे में लेटा मैं
निथरी रात में
हवा की गोद में चढ़ा
किसी उड़ती बदली का
कब पीछा करने लग पड़ता हूँ
फुफकारते दरिया के पार
जलती लौ तक पहुँचने के लिए
कब किश्ती ठेल देता हूँ
बचपन में किताब में रखे
तितली के परों को ढूँढ़ता
कब किताब खँगालने लगता हूँ।

इसको यह भी कब पता लगता
कि सड़क पर सरपट जाता
रेड लाइट की परवाह किये बिना
कब किसी डॉल्फिन से जा भिड़ता हूँ
रोम-रोम से पसीना रिसता है
जैसे इराक़ को
अमरीका याद आ गया हो
बस में सफ़र करते
पंजाब का चेता आ गया हो

और फिर जैसे
अखण्ड ग़ज़ल के खण्डित शे'र।

पास लेटी पत्नी को
यह भी पता कब लगता है
कि अँधेरों को चीरता
बन्द खिड़कियों, दरवाज़ों में से
बोझिल पंख लिए
कब आ गिरता हूँ मैं
जैसे क़र्ज़दार होऊँ
पर मैं तो
खोली जैसे मकान में
नन्ही-सी बेटी की
देखने के लिए मुस्कान
सूरज के उगने की
प्रतीक्षा करता हूँ।

गर्म हवा के दौरान

अब जब
गर्म हवा बहती है
इच्छरां* के बाग़ उजड़ते हैं
अनेक चेहरे हो जाते हैं लुप्त
पसर जाती है ख़ामोशी
दिन में ही रात का सन्नाटा
और मैं रूई जैसे बेटी
धूप जैसी पत्नी, के
हल्दी हुए चेहरों को
साकार करता
जल्दी-जल्दी घर लौटता हूँ।

अब जब
हवा में कोई हर्फ़ लिखता है
पानी पर लकीर खींचता है
उड़ते पक्षियों के पर काटता है
मन की धरती पर एक जग रचता है
तो,
झीलों के निथरे पानी में
हंस डूब मरते हैं
और मैं

---

* इच्छरां–पूरन भगत की सगी माँ।

कायरों की तरह
तोतले बोलों की सीढ़ी चढ़ती
बिल्ली के रोमों जैसी अपनी बेटी
शहतूत की टहनी-सी अपनी पत्नी के गिर्द
बन जाता हूँ वेल
और फिर
किसी बीमार की तरह
अपना नन्हा संसार
आँखों में समो लेता हूँ।
अब जब
मेरे हिस्से के धरती के टुकड़े पर
पहाड़ों से आता है भूचाल
तृष्णा की होती है बारिश
वासना के सागर में
बेरोक चढ़ता है ज्वार
तो
खिलौने जैसी मेरी बेटी
मेरे और मेरी धरती के बीच
कच्ची दीवार उठाती है
और मैं
घर की चारदीवारी को
और ऊँची करने की सोचता हूँ
कि अन्धी हवा का क्या भरोसा
कब दहलीज़ लाँघ आये।

दिलासा

पानी की उच्छल तरंग से न डर
इसने स्वयं ही
भँवर में बदल जाना है
और पानी को आख़िर
पुलों के नीचे से बहना होता है
मेरी प्यारी पत्नी।

फुलझड़ी से निकलते
सितारों को देख-देख
फुलझड़ी बन जाती मेरी बेटी को
पालने में सोते से न जगाना कभी
और सिरजने देना उसे
आसमान में तैराकी कर
तारों को तोड़-तोड़
अपनी झोली में भरने के सपने
पर यह न बताना
कि इन्द्रधनुष को आलिंगन में भरने
चाँद आसमान से उतार
पत्नी के माथे पर टीका सजाने के
उसके बाप के सपने टूट गये हैं।

तितलियाँ पकड़ती
तितली जैसी

फूलों से हल्की
खरगोश-सी डराकुल
मेरी नन्ही-सी बेटी को
यह न बताना
कि पाप की बारात बेअन्त है
नहीं तो उसके हाथों से
गुड़िया पटोले छूट जाने हैं
बल्कि बताना
कि उसके बाप के
बायें हाथ में कबूतर
और दाहिने हाथ में बाज है।

ख़ुशबू जैसी मेरी बेटी को
पहले की तरह
अपनी कॉपी पर
फाख़्ता कबूतर बनाने देना
उनको उड़ाने देना
मेरी अच्छी पत्नी
बवंडरों से न डरना
इनका कोई धर्म नहीं होता।
चढ़ आये ज्वार-भाटे से न डर
मेरी प्यारी पत्नी
पानी को आख़िर
पुल के नीचे से बहना होता है।

ऋतुएँ लौटा लाओ

उन ऋतुओं को लौटा लाओ
जिनमें
बूटों तले रौंदी घास
अस्तित्व महसूस करती
रात से प्रभात समय
बढ़ जाती है तनिक-तनिक
तुम्बों में होती नहीं कड़ुवाहट
मीठी होती हैं गन्ने की पोरियाँ
और मीठे होते हैं रीठे।

उन ऋतुओं को लौटा लाओ
जिनमें
बहती पवन पुरवाई
और ले आती है
काली घनघोर घटाएँ
रिमझिम बरसता है सावन
शीतल होती है धरती की छाती
और इन्द्रधनुष
भरता है नभ को आलिंगन।

उन ऋतुओं को लौटा लाओ
जिनमें
हँसती है दोपहर-खिली

आमों में लगता है बौर
नृत्य करते हैं मन-मोर
होते हैं अँखियों में मुहब्बत के डोरे
हाथों में रंगीन फुलझड़ियाँ
मस्तानी होती है और
अल्हड़ों की मटक-चाल।

उन ऋतुओं को लौटा लाओ
उन पुत्रों को लौटा लाओ
जिनको देख-देख
इच्छरां के नेत्रों की
लौट आती है ज्योति
और वीरान बाग़ सलवान का
फिर हरा-भरा हो जाता है।

ठण्डी हवा की प्रतीक्षा

शिखर दोपहरे धूप भरी
रह न गये साये
वृक्षों से डालें टूटीं
बचे हैं एक-आधे
हर वृक्ष तले साँपों की बाँबी
कैसे बैठें उनकी छाँव।
पाँचों पानी हुए रक्त रंजित
रोते हैं अपनी ठाँव।

फूलों, बालियों की फ़सलों की जगह
खेतों में पिस्तौल, बन्दूक़ें उगें।
ख़ून का यह पानी माँगें
बन्दा कैसे पूर करे।
ओला वृष्टि की साथ में नाकाबन्दी
यही भेद है रहस्य भरे।
जो बोये सो काटे, मालिक
फिर भी क्रोध करे।

घोर निराशा में नभ डोले
टूटते जायें तारे।
हर आँगन में मातम छाया
काँपें चारों दीवारें।
कैसे कोई हवा को थामे

फैलाये से जो फैली दिशा में सारे।
वज्र-सी देह छीजती जाये
सरिता जल बहे है खारे।

सरू जैसा कड़ियल जवान न टूटे
पंछी न बिछुड़े डार से।
आँगन में फाख्ताएँ करें किलोलें
ठण्डी हवा आये पार से।
पाँति बाँध न आयें मातम
न बक्की* बिना सवार के।
पवन में घुल जाये सुगन्ध
उजाला झरे विचार से।

---

* बक्की–मिरज़ा की घोड़ी का नाम, जो मिरज़ा के मारे जाने के बाद बिना सवार के लौटी।

धूप का सफ़र

सूरज का आगमन क्या लगता है
उसके लिए तो सायरन ही बजता है
उठते ही
पौधों को देती है पानी
खिल उठते हैं महक बाँटते
छोटे-बड़े मासूम-से फूल।

उधर, चाय की चुस्कियों के साथ
पलटता हूँ अख़बार के पन्ने
घोखता हूँ राजनीतिक ख़बरें
कि एक ने दूसरे को
कैसे दी है पटकनी
और मुझे याद आते हैं
मनु और तुलसी के श्लोक।

ऐसे ही होती है
उसकी शिखर दोपहर
और खिले फूलों पर
करती है तन-मन की छाँव
मिटता लगता है
लम्बी-ऊँची शहतूत और
दोपहर-खिली का अन्तर।

ऐसे ही ढलती है
उसकी शिखर दोपहर
ऐसे ही ढल गयी है
उसकी शिखर दोपहर।

जब कभी 'घोड़ी' पर चढ़ कर लौटूँ
सँकरी अँधेरी गलियों में से
दर पर खड़ी वह
पकड़ती है मेरी वल्गाएँ
पल में शान्त हो जाते हैं
उसके भीतर के ज्वार-भाटे
आँखों में दिखती
चमकती एक आभा
धरती पहले की तरह ही
सदा दिखती है ख़ामोश।

ऐसे ही चढ़ती है
उसकी सवेर
ऐसे ही होती है
उसकी दोपहर
ऐसे ही ढलती है
उसकी दोपहर
ऐसे ही ढल गयी है
उसकी शिखर दोपहर।

मेरी ज़िन्दगी

(पत्नी के नाम)

जब से वह मेरे संग है
एक और एक ग्यारह हैं
धरती पर लगते नहीं पैर
और बहुत पीछे छोड़ आया
घोर उदासियों के जंगल
नफ़रतों के खण्ड-मण्डल
फेंक दिये हैं उसकी मुहब्बत के आगे
गुस्सों-गिलों के हथियार
वैर-भाव विचार।

बो दिये हैं उसने
मेरे मन में
रोष-विद्रोह भरे चेतन बीज
जैसे पल रहा–
उसने तन-मन में
हमारे भविष्य का वारिस।

ढक दिया है उसने
मेरे अवगुण-ऐब का तेंदुवा जाल
जैसे त्वचा ने
ढके हैं तन के नाड़ी तन्तु जाल
पर, ख़ूब नंगा करती है वह

उन पैरों का सफ़र
जिन्होंने लाँघे थे गड्ढे-टीले
दायें-बायें, पीछे-आगे
और तैरे थे चौड़े पाट का दरिया।

निर्भीक बोल थे बोले
लोगों के बीच
ख़ून में रचे ख़यालों की तरह
बहुत राज़दार है वह
कभी-कभी क्या!
अक्सर ही!
मुझे कृष्ण
अपने को राधा कहती है
मुझे शिव
अपने को पार्वती कहती है
आर्य-अनार्य के बीच
पुल बनती लगती है।
और मेरी वजह–
उसने बहुत कुछ समो लिया
अपने अन्दर
जैसे धरती ने विषैले रसायन
जब देखने जाते हैं
किराये का मकान
धार्मिक स्थानों पर
होता अपमान
सवालिया नज़रों से
तलाशती है मनुष्य का ईमान
और फिर धूप-सा
और चमकती है
प्रसन्नचित्त हो कहती है
हमारे अंशों का सुमेल

अम्बर को धरती पर ले आयेगा
खलकत के लिए पलकें बिछायेगा।

मैं फैली आँखों से
उसकी ओर देखता हूँ
और अतीत में से वर्तमान
और भविष्य चेतता हूँ।

मन की लहर

सड़कों के जंगल पार करते
ज़िन्दगी की भूल-भुलैयों में से गुज़रते
झाँकती दिखती हैं
पूनी कातती दुध्धी बालियाँ
निगरते गेहूँ और बासमतियाँ
काँच से कच्ची टूटती सरसों की फुनगियाँ
संग पैदा हुओं की भिंचती दन्तावलियाँ
और मैं इस मौन विलाप का साक्षी हूँ।

सूखाग्रस्त खेतों की दरारें
उभर आती हैं यादों में
बुज़ुर्ग की बिवाइयाँ बन कर
सूखी-मुरझाई झाड़ियों में मुँह मारते बैल
जैसे माँ की सूखी छातियों को चूसतीं
तर-ऊपर जन्मी छोटी बहनें
सरसों पर फूल खिलें
सूखे खेतों के हरे होने के लिए
बाप की ख़ामोश प्रार्थनाएँ
जिनके शब्द-अशब्द के अर्थ
मेरे भीतर ही भीतर होते हैं अनूदित।
गाँव के दक्षिण खुदे रजबहे का
और चौड़ा होता दिखता है पाट
जिसको न मैं तैर सका

और न फलाँग सका मेरा 'सवर्ण' यार
कभी किनारों से बाग़ी हो
बहना चाहे दोस्ती का दरिया
बुज़ुर्गों की झुर्रियों जैसी त्योरियाँ
गाद या संगमरमर को विचारे बग़ैर
क्योंकि पानी को तो समान रहना होता है।

सड़कों के जंगल पार करते
ज़िन्दगी की भूल-भुलैयों में से गुज़रते
झाँकती दिखती हैं
पूनी कातती दुध्धी बालियाँ
निगरते गेहूँ और बासमतियाँ
काँच से कच्ची टूटती सरसों की फुनगियाँ
संग पैदा हुओं की भिंचती दन्तावलियाँ
और मैं इस मौन विलाप का साक्षी हूँ।

सिकुड़ा बिन्दु

बहुत कुछ पीछे रह गया है
बचपन की तरह
मसलन–
मेरा गाँव, मेरे लोग
पूतों से बढ़ कर खेत
मिरज़े के जंड जैसे
मुहब्बत के गवाह वृक्ष।

बह चुके पानी की तरह
बहुत कुछ लाँघ आया है
मिट्टी का यह पुतला
मसलन–
साँस-दर-साँस
गीता के कुल अध्याय से
ढाई गुना वर्ष
मोह-प्यार की दीवारें
और पहाड़ों की चढ़ाई।

बहुत कुछ भूल गया है
सपने की तरह
मसलन–
परिन्दे की उड़ान
अपनी सीमा

अपनी जुबान
और सिआलों* के जायों का मुल्क।

बहुत कुछ साथ है
बीवी-बच्चों की तरह
मसलन–
कुछ नाम और स्थान
मुहब्बत के पीछे दुश्मनियाँ
काफूर हो गये रिश्ते
पानी के बँटवारे से
पड़े विभाजन के भयावह दृश्य
और पर कटे परिन्दे को बस याद है
देह में प्रवाहित लहू की तरह
बिखरे चुग्गे को चुगने का ख़्याल।

---

* हीर-राँझे की प्रेम-कथा की नायिका।

अभी तो मेरी कविताएँ...

अभी तो मेरी कविताओं ने–
मानव और कुमानव के दरम्यान
मुहल्ले और मुहल्लों के बीच
कलशों और मीनारों के मध्य
अन्तरिक्ष के बहते दरिया पर
बनना है किश्तियाँ और पुल
मानवीय महिमा गाती बुलबुल।

अभी तो मेरी कविताओं ने–
बनना पत्नी के जूड़े की कलियाँ
सूखे अधरों पर खेलती मुस्कान
सदियों से समवयस्क के लिए तरसती
लूणा* के ख़ातिर पूरन जैसा सलवान
पैर की जूती को सिर का सम्मान।

अभी तो मेरी कविताओं ने–
बनना है इन्साफ़ का तराज़ू
राम राज में नाहक मारे वीरों
फाँसी पर लटक गयी चेतना
भविष्य के अजन्मे वारिस वास्ते

* लूणा–पूरन भगत की सौतेली माँ जो पूरन पर मोहित हो गई थी।

और सूरज बन लड़ना है अँधेरों से
वफ़ा पालनी है ताज़ी सवेरों से।

अभी तो मेरी कविताओं ने–
मानव और कुमानव के दरम्यान
मुहल्ले और मुहल्लों के बीच
कलशों और मीनारों के मध्य
अन्तरिक्ष के बहते दरिया पर
बनना है किश्तियाँ और पुल
मानवीय महिमा गाती बुलबुल।

आकाश गवाह है

कई आँखें
बिछी रहीं सूनी राहों में
किसी को पलकों पर बैठाने के ख़ातिर
पर राह खा गयी राहियों के पदचिह्न।

कई खेत
प्रतीक्षा करते रहे उन हल्के पैरों के स्पर्श का
जो कभी न लगा उनको भारी
'बेगानों' के पैरों की तरह।

कई बैल
रँभाते रहे उन हाथों के लिए
जिनकी एक थाप से
उतर जाती थी दिन भर की थकान।

जीव तुल्य
मोती जैसे कुत्ते
बैठे रहते थे भयभीत हो
कि अब दुम हिलाएँ
तो हिलाएँ किसके पीछे।
एकदम तेज़ हो जाती थी
किसी दिल की धड़कन

किसी मिट्टी के पुतले को
लौह-वस्तु के सिर पर बना शेर देख कर।

आकाश ने समो लिया है सीने में
पंच-नद की त्रासदी
साज़िशी हवा के षड्यन्त्र
फटते बादलों का ज़ारोज़ार रोना
टूटते तारों की याद
सरसों की कच्ची कोमल फुनगी की टूटती आवाज़।

मौन पलों में

कमरे के अन्दर अकेला बैठा बन्दा
कई बार अकेला नहीं होता
कभी पर तोलती तितली को देख-देख
अपनी उम्र के वर्षों की
उल्टी गिनती कर रहा होता
किसी छोड़े जाने वाले उपग्रह की तरह
कभी किसी तितली के संग-संग
नन्ही-नन्ही उड़ानें भर रहा होता।

कभी वह अँधेरी सुरंगों में भटकता
उजाला झरती खिड़की को तलाशता
कोई अभिमन्यु होता है
कभी वह स्वयं संग
महाभारत का युद्ध लड़ रहा होता
कभी उसको
टूटते रिश्तों के बाण बींधते हैं
और वह फिर भी कबूतर उड़ा रहा होता है
कभी आमूर* दरिया-सा सरहदें उल्लंघता
दोस्ती का दरिया बन बहता
और कभी वह पक्का-सा पुल बन रहा होता है।

---

* रूस और चीन के बीच बहता दरिया।

कभी पूर्णिमा की रात
पानी में घिरा टापू होता है
कभी उसका अस्तित्व निखरता है
कभी सह-अस्तित्व सोच रहा होता है।

तरंगें

बहुत भयानक होता है वह समय
जब कोई स्वयं के साथ महाभारत लड़ रहा होता
न इसके शस्त्रों की आवाज़ सुनाई देती है
न ही अग्नि बाण की ज्वालाएँ दिखें
कभी वह काल-रथ के तले कुचला जाता है
कभी अर्थ और काम के पहिये आ चढ़ते हैं।

इससे भी ख़तरनाक होता है वह समय
जब तुम्हारे आँगन में झूमते गुलमोहर से
झड़ने लग पड़ते हैं हरे पत्ते।
गूढ़े लाल फूलों की अपेक्षा पत्तियाँ
बसन्त ऋतु में पर्णहीन हो जाये वृक्ष
और अपनी बेबसी का न कर सके ज़िक्र।

कई बार पलों में
बदल जाते हैं दृश्य
जब कोई देखता है
निरन्तर बहता दरिया
ताकता है सदाबहार फूल
उसके लिए समाप्त हो जाती है
दुविधा भरी बसरे की जंग
और वह विजेता सिपाही-सा
लौट पड़ता है मिट्टी की मोह के ख़ातिर

अपने आँगन में गमले के फूलों को
पानी देने के वास्ते।

बहुत भयानक होता है वह समय
जब कोई स्वयं के साथ महाभारत लड़ रहा होता
न इसके शस्त्रों की आवाज़ सुनाई देती है
न ही अग्नि बाण की ज्वालाएँ दिखें
कभी वह काल-रथ के तले कुचला जाता है
कभी अर्थ और काम के पहिये आ चढ़ते हैं।

अस्तित्व बना त्रिशंकु

अस्तित्व बना त्रिशंकु
तारे टूटे अम्बर डोले
डमरू शिव जी का
दसों दिशाओं बोले।

पानी में हलचल
थलों पर बहे बवंडर
आग लगी बर्फ़ों में
पर्वत हुए माशा-तोले
शिव जी रहम करो
लहू नीला न रगों में खौले...।

बिंधे पखेरू परवाज़ें भरते
फाख़्ताएँ कबूतर चीने
बादलों में से गिरती बिजली
वह लाँघी अम्बरों के सीने
बरस जा बदरा रे
बन जायें न वन कोयले...।

पुरवाई की हवा को आज
खा गयी पछुवा की पवन
सूरज ने मुँह फेरा
अँधेरे पसरे सेंकी जा न सकी रोटी

पूरब के सूरज रे
न हो अँखियों से ओझल...।

अस्तित्व बना त्रिशंकु
तारे टूटे अम्बर डोले
डमरू शिव जी का
दसों दिशाओं बोले।

■■■